글·그림 에밀리아 지우바크

1982년에 태어난 에밀리아 지우바크는 폴란드를 대표하는 젊은 일러스트레이터입니다.
그림을 그린 책 《안아 드립니다》가 바르샤바 어린이책 박물관 보물책으로, 숲속 생물에 관한 흥미로운 사실을 담은 그림책 《숲속에서의 1년》이 폴란드 출판협회에 의해 2015년 가장 아름다운 책으로 선정되었습니다. 그림책뿐만 아니라 각종 언론 매체의 삽화 작업을 하고 전시회도 열며 활발하게 활동 중입니다.

옮김 김영화

한국외국어대학교 폴란드어과를 졸업했습니다.
옮긴 책으로 《기발한 동물학개론》, 《사라지는 동물들》, 《동물도 행복할 권리가 있을까?》, 《신화와 미로》, 《카페를 운영해 봐요》, 《도시의 불이 꺼진 밤》 등이 있습니다.

감수 조신일

고려대학교에서 생물학을 전공한 후 서울여자대학교 대학원에서 물장군과 남생이의 복원을 위한 생태학적 연구로 석박사 학위를 받았습니다.
서울대공원에서 야생동물 전문경력관으로 근무하며 곤충관 운영 및 연구, 자연 학습 프로그램 개발 및 운영 등 다양한 업무를 30년 이상 맡아 왔습니다. 지은 책으로는 《잠자리야 날아라》, 《곤충과 친구하기》 등이 있으며, EBS에서 방영하는 다양한 자연 다큐멘터리를 20여 년 감수해 오고 있습니다.

호메르에게

놀라운 동물 건축가의 세계

에밀리아 지우바크 지음

라이카미

차례

다양한 유형의 동물 집 ·········· 04
건축 재료 소개 ················ 06
열린 둥지 ····················· 08
닫힌 둥지 ····················· 12
커다란 닫힌 둥지 ··············· 14
숨겨진 둥지 ··················· 16
딱따구리의 집 ················· 18
새들의 마을 ··················· 20
침으로 만든 둥지 ··············· 22
화려하게 장식한 둥지 ··········· 24
곤충의 집 ····················· 26
개미집 ······················· 30
흰개미의 집 ··················· 34

거미집 ········· 36
껍데기는 집일까? ········· 40
눈속임 집 ········· 42
포유동물의 땅굴 집 ········· 44
두더지 굴 ········· 48
물속의 집 ········· 50
비버의 집 ········· 52
사람이 만든 동물 집 ········· 54
임시 거처 ········· 56
동물 세계를 본떠 만든 건축물 ········· 58
가정에서 만나는 생물들 ········· 60
숲, 동물들의 보금자리 ········· 62

다양한 유형의 동물 집

동물 세계에는 인간 세상처럼 다양한 분야의 전문가들이 있어요. 지금부터 우리는 동물 세계의 건축, 디자인, 설계 전문가에 관해 알아볼 거예요. 땅속의 대도시, 땅 위의 건물, 한 가족의 소박한 둥지와 대규모의 주택 단지, 심지어 물 위에 지어진 보금자리까지도요. 다양한 집 옆에 있는 돌멩이에 그려진 기호를 잘 보세요. 이 기호를 통해 각각의 집이 어떤 유형인지 쉽게 알아볼 수 있을 거예요.

땅 위의 집

공중의 집

땅속의 집

 물 위의 집

 물속의 집

단독주택

 이동식 집

 공동주택

임시 거처

건축 재료 소개

나무

바위와 돌멩이

나뭇잎과 풀잎

풀 줄기, 식물 섬유, 종자 솜털

진흙

이끼와 지의류

조개껍데기

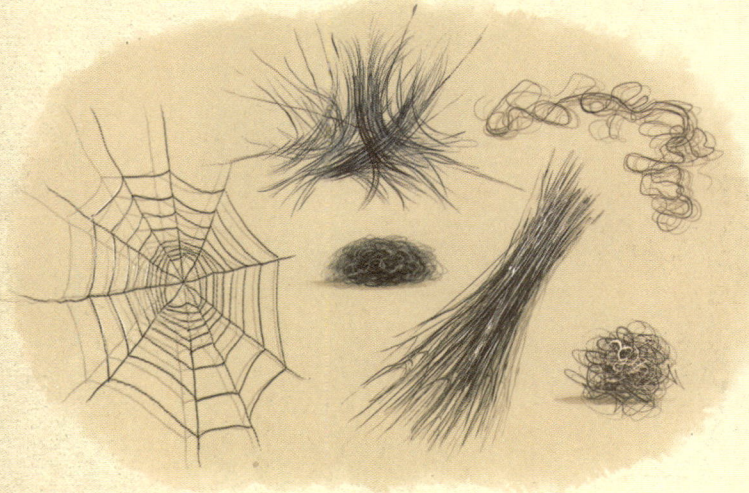
거미줄

모래

침

사람들이 버린 물건

깃털, 동물의 털

열린 둥지

꼬까울새

꼬까울새는 땅 위에 둥지를 틀어요. 식물에 가려져 잘 보이지 않는 곳에 집을 짓지요. 둥지를 만들 때는 마른 잎, 식물성 섬유, 이끼를 사용해요.

오색방울새

오색방울새는 높은 나뭇가지에 둥지를 틀어요. 둥지를 만들 때는 잔뿌리, 풀의 줄기, 식물 섬유, 식물의 솜털, 양모를 사용하지요. 어미가 알을 품는 알자리는 보송한 식물의 솜털, 동물의 짧은 털과 깃털로 이루어져요.

나이팅게일

나이팅게일은 땅 위나 낮은 관목에 둥지를 쳐요. 둥지를 지을 때는 마른 풀이나 잔가지, 마른 잎을 사용해요. 둥지의 내부에는 풀과 잔뿌리를 섬세하게 깔아요.

뿔까마귀

부러진 나뭇가지를 촘촘하게 엮어 만든 뿔까마귀의 둥지는 높은 나무 꼭대기에 있어요. 안쪽에는 점토, 풀과 이끼가 섞인 흙을 반죽하여 바르고, 마른 풀과 털을 바닥에 깔지요.

개개비

개개비는 물 위에 둥지를 지어요. 둥지는 갈댓잎을 다른 식물 섬유와 촘촘하게 엮어서 만들어요. 가끔은 실이나 거미줄 같은 것도 쓰지요. 둥지는 그해에 새로 난 갈대 줄기에 엮어 고정하는데, 둥지 벽을 갈대 줄기가 둘러싸고 있는 모양새가 되어요.

유럽꾀꼬리

유럽꾀꼬리는 나무 높은 곳에 있는 갈라진 나뭇가지 위에 둥지를 만들어요. 둥지는 바구니 모양이고, 마른 풀과 식물 섬유, 자작나무 껍질 조각, 양모로 빚어요. 알자리는 잔디와 깃털로 만들지요.

검은머리딱새

검은머리딱새는 처마 밑이나 돌담 틈새에 둥지를 지어서 윗부분이 가려지도록 해요. 둥지는 잔디와 줄기, 식물의 뿌리로 만들어요.

제비

제비는 주택 처마 밑, 외양간이나 마구간 지붕 아래, 혹은 다리 밑에 사는 것을 좋아해요. 둥지는 배설물과 침을 섞은 진흙을 뭉쳐서 지은 다음, 풀 줄기나 짚으로 단단하게 만들어요. 둥지가 마르면 안쪽에 깃털과 동물의 털을 깔아요.

사탕벌새

크기가 5cm 정도인 사탕벌새는 세상에서 가장 작은 벌새류 중 하나예요. 둥지는 거미줄로 튼튼하게 만든 식물 섬유와 이끼를 이용하여 지어요. 집을 짓고, 알을 품고, 새끼들을 돌보는 일은 주로 암컷이 맡는답니다.

흰머리수리

흰머리수리의 집은 독수리류 둥지 중 가장 큰 둥지로 꼽혀요. 높이는 6m가 넘고, 넓이는 2.5m나 되는 데다가, 무게는 1t 이상이거든요. 흰머리수리는 보통 물가에 있는 오래된 거목을 골라서 둥지를 틀어요. 둥지는 무겁고 나무의 높은 곳에 있기 때문에 폭풍우나 바람에 자주 손상을 입어요. 그래서 평균 5년에 한 번씩 보금자리를 다시 지어요.

수리부엉이

밤의 제왕이라 불리는 수리부엉이는 세계에서 가장 큰 부엉이예요. 수리부엉이는 시야가 탁 트인 절벽 위 바위틈에 엉성한 둥지를 틀어요. 둥지 안에는 먹다 남은 쥐의 사체, 먹이로 잡아 온 새의 깃털과 솜털, 동물의 뼈, 마른 잎, 잔가지 등이 너저분히 널려 있지요.

홍부리황새

홍부리황새는 전봇대나 굴뚝, 혹은 커다란 나무같이 높은 장소를 집터로 골라요. 홍부리황새의 둥지는 둥근 모양이 특징이에요. 둥지를 만들 때는 길고 건조한 나뭇가지를 겹겹이 쌓고, 가느다란 가지로 빈 곳을 메워요. 두툼한 알자리는 건초, 짚으로 만들고, 가끔은 종이, 밧줄, 헝겊도 이용하지요. 홍부리황새는 수년 동안 둥지를 사용하고, 매년 둥지를 확장하는데, 주로 위로 쌓아 올린답니다.

아프리카자카나

물 위에 떠 있는 아프리카자카나의 둥지는 단순한 구조예요. 식물을 느슨하게 엮은 얕은 접시 형태이지요. 이 새는 수컷만 알을 품고 새끼를 돌보아요.

물수리

물수리는 오래된 나무 꼭대기에 둥지를 트는 것을 가장 좋아해요. 특히 좋아하는 건 침엽수예요. 가끔은 해안가의 가파른 절벽이나 전신주를 보금자리로 고르기도 하고, 사람이 만든 인공 둥지도 기꺼이 받아들여요. 사람들은 인공 둥지를 만들어 새들이 새로운 장소에 정착할 수 있도록 도와줘요. 한번 만든 둥지는 수년 동안 사용하는데, 매년 정비하고 새로운 층을 쌓으며 보강한답니다.

닫힌 둥지

굴뚝새는 마른 나뭇잎과 초록 이끼를 촘촘하게 엮어서 둥근 모양의 둥지를 만들어요. 둥지는 보통 어린 가문비나무나 향나무에 위치하는데, 마른 나뭇가지를 쌓아 잘 숨겨 두지요.

굴뚝새

재봉새

재봉새는 부리를 바늘처럼 사용하여 여러 장의 나뭇잎에 구멍을 내고 식물 섬유의 실이나 털, 거미줄 같은 것으로 잎을 꿰매요. 그리고 이렇게 만든 나뭇잎 주머니 속에 식물 섬유로 만든 둥지를 감추어 둔답니다.

긴부리활벌새

암컷 긴부리활벌새는 날아다니면서 둥지를 짓기도 해요. 부리로 거미줄 끝을 물고 날아 빙글빙글 돌며 줄을 감아 둥지를 만들지요. 둥지는 꼬리가 길게 늘어진 것 같은 모양이에요. 기다란 꼬리 부분 덕분에 바람이 불어도 끄떡없답니다.

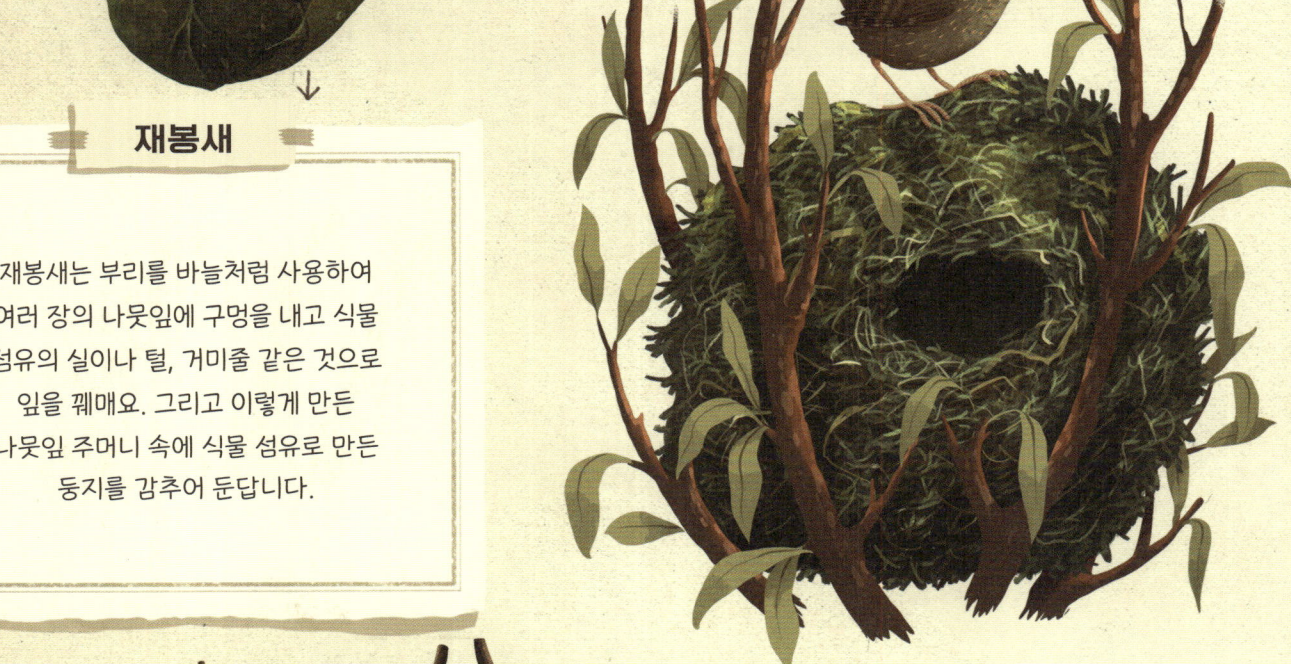

등붉은아궁이새

등붉은아궁이새는 나무 기둥이나 나뭇가지 위에 집을 지어요. 가끔은 건물의 지붕 위에 짓기도 하지요. 진흙에 풀잎이나 식물 섬유를 넣어서 빚은 두꺼운 둥지 벽은 햇볕에 잘 마르고 나면 돌처럼 단단해져요. 완성된 둥지는 옆에 작은 구멍이 난 그릇처럼 생겼어요. 이 새는 둥지가 튼튼해도 매년 새로운 집을 짓는답니다.

흰목바위새

동굴이나 암석의 벽면에 있는 흰목바위새 둥지는 뚜껑이 덮인 그릇 모양이에요. 벽면과 맞닿은 가장자리에 좁은 출입구가 있지요. 둥지는 한 쌍의 새가 진흙과 양털을 섞은 재료로 지어요. 또 이 새는 종종 작은 무리를 형성해 생활하기도 한답니다.

흰머리오목눈이

흰머리오목눈이가 주로 사용하는 건축 재료는 이끼와 식물 섬유예요. 새는 둥지의 밑 부분부터 집 짓기를 시작해서, 끝에 구멍이 있는 특이한 달걀 모양의 둥지를 만들어요. 그리고 둥지가 완성되면 이끼와 거미줄로 보이지 않게 가리지요.

스윈호오목눈이

스윈호오목눈이는 포플러의 식물 섬유와 버드나무의 솜털을 엮어 둥지를 만들어요. 이른 봄에 만든 둥지는 식물 섬유가 주를 이루어 회색으로 보이고, 늦은 봄에 만든 둥지는 솜털이 많기 때문에 하얀색을 띠지요. 둥지는 먼저 주머니 모양의 구조물을 만든 후, 돌출형 통로를 추가하는 방식으로 만들어요.

가마새

가마새는 암컷이 둥지를 지어요. 둥지는 보통 지상에 만드는데, 떨어진 낙엽들 사이에 가려져 있어요. 둥지는 옆쪽에 입구가 있는 둥글넓적한 모양이고, 마른 잎, 잔디, 나뭇가지, 나무껍질을 이용하여 만들어요.

참새

참새는 주로 건물의 틈새나 지붕 아래에 둥지를 만들어요. 가끔은 다른 새가 버린 둥지 혹은 인공 새집을 차지하거나, 황새 둥지 바깥의 아래층을 사용하기도 하지요. 참새 둥지는 삐죽삐죽 헝클어진 공처럼 보이기도 해요. 둥지를 지을 때는 짚, 밀, 마른 풀을 쓰고, 때로는 끈이나 종이를 사용하기도 한답니다.

커다란 닫힌 둥지

주홍발무덤새

새끼 무덤새

무덤새의 알

무덤새 둥지 단면

무덤처럼 생긴 무덤새의 둥지는 무척 거대해요. 높이가 3m, 지름은 10m나 되는 둥지도 있지요. 나뭇가지, 나뭇잎, 자갈, 모래로 만든 넓은 원뿔형 둥지는 부화기 역할을 해요. 둥지를 만드는 데 사용한 재료들이 서로 들러붙고 썩는 과정에서 알이 발생하기에 알맞은 온도가 형성되거든요. 무덤새는 알을 직접 품지 않는 대신 발생에 적합한 조건을 만들기 위해 애써요. 알이 부화하기 전까지 둥지의 온도를 세심하게 조절하고, 필요한 경우에 건축 재료를 더 추가하거나 빼내기도 하면서요. 부화한 새끼는 스스로 통로를 파서 밖에 나올 수 있을 정도로 강해야 살아남을 수 있어요.

망치머리황새의 둥지도 대단한 기록을 가지고 있어요. 무게는 최대 50kg, 높이는 1.5m, 지름은 2m나 될 정도로 크거든요. 둥지의 밑부분은 나뭇가지와 굵은 막대기, 나뭇잎, 깃털, 갈대, 잔털 등 여러 재료로 만들어요. 기초 작업을 마친 다음에는 잔가지로 지붕을 만들지요. 그다음 축축한 흙이 깔린 둥지 속으로 이어지는 통로를 만든답니다.

망치머리황새

큰코뿔새의 닫힌 둥지

둥지 입구

담을 쌓아 좁아진 입구

둥지 속 모습

새끼의 안전을 위하여 둥지 입구를 막아 버리는 새가 있어요. 바로 큰코뿔새인데, 정확히는 큰코뿔새 암컷이 그래요. 큰코뿔새는 다른 새가 쓰다가 두고 떠난 나무의 구멍을 활용해요. 크기가 매우 큰 새(몸길이 140cm)이기 때문에 아주 꼼꼼하게 장소를 물색하지요. 적당한 구멍을 찾으면 암컷이 그 안으로 들어가서 소화된 음식물, 톱밥, 진흙, 자신의 배설물을 섞은 재료로 담을 쌓으며 구멍을 아주 작게 만들어요. 수컷은 암컷이 알을 품는 기간 내내 작은 구멍을 통해 암컷에게 먹을 것을 날라 주지요. 입구를 막는 것은 암컷에게 제법 위험한 행동이지만, 적으로부터 암컷과 새끼를 보호할 수 있는 방법이기도 해요. 새끼가 태어난 후 3개월이 지나면, 수컷은 입구에 쌓은 담을 부수어 암컷이 밖으로 나올 수 있게 해요. 그러곤 새끼가 계속 안전한 환경에서 자랄 수 있도록 새끼를 안에 둔 채 다시 구멍을 메꾸어 작게 만들지요.

숨겨진 둥지

갈색제비

제비 집 단면

갈색제비는 강둑의 진흙 절벽을 유독 좋아해서 그곳에 보금자리를 만들어요. 먼저 경사면의 진흙을 부리로 파낸 다음, 뒷다리의 단단한 깃털로 쓸어 내요. 이런 방법으로 평평하면서도 입구로 갈수록 살짝 기울어지는 굴을 뚫고, 굴이 끝나는 지점에 방을 만들지요. 갈색제비는 집단생활을 하는 새이기 때문에 새들끼리 서로 이웃하여 둥지를 지어요. 함께 생활하는 새의 무리는 10여 쌍부터 많게는 100쌍이 넘기도 한답니다.

혹부리오리

혹부리오리는 주로 해안가의 높은 둑에 둥지를 지어요. 여우나 오소리, 토끼들이 살다 떠난 굴을 잘 활용하고, 가끔은 식물의 뿌리 밑이나 쓰러진 나무의 구멍에 보금자리를 만들기도 하지요. 넓은 여우굴에는 여러 마리의 암컷이 동시에 둥지를 틀기도 해요. 둥지를 만들 때는 마른 풀을 이용하고, 간혹 해초를 섞어 쓰는 경우도 있어요.

밖에서 본 둥지

물총새

물총새는 강가나 호숫가의 마른 황토 절벽에 둥지를 꾸려요. 새 부부는 적당한 장소(보통 늘어진 뿌리나 나뭇가지에 가려진 곳)를 고른 후에, 부리와 돌을 피해 가면서 부리로 최대 100cm 깊이까지 일자로 길게 뻗은 굴을 파요. 방까지 이어진 굴은 살짝 비스듬해서 입구로 갈수록 아래로 기울어져요. 굴의 끝에 있는 방에는 먹다가 소화하지 못한 생선 뼈나 곤충의 껍데기가 깔려 있지요.

키위

굴속에 숨겨진 키위 둥지에는 보드라운 잔디와 나뭇잎, 이끼가 깔려 있어요. 키위는 굴속에서 나뭇잎과 작은 나뭇가지로 입구를 가려 집이 안 보이게 하지요. 암컷은 둥지에 단 한 개의 알만 낳는데, 무게가 엄마 새 무게의 4분의 1이나 될 정도로 매우 크고 무거워요.

딱따구리의 집

도토리딱따구리

확대한 모습

도토리딱따구리는 거의 모든 관심과 에너지를 둥지가 아니라, 독특한 식량 저장고에 쓰는 새예요. 이 새는 죽거나 오래되어 껍질이 연해진 나무를 골라서, 도토리가 들어갈 만한 크기의 작은 구멍을 아주 많이 뚫어요. 그다음, 모은 도토리를 딱 맞는 크기의 구멍에 넣어요. 구멍이 크면 도토리가 빠져나오고, 구멍이 작으면 도토리 표면이 손상되어 썩을 수도 있기 때문에 딱 맞는 크기의 구멍을 찾아야 해요. 이곳에 넉넉하게 모은 식량을 유지하기 위해서는 도토리딱따구리 가족 모두의 꾸준한 관심이 필요해요. 이 새들은 말라서 크기가 약간 줄어드는 열매가 생기면 꺼내서 더 작은 구멍으로 옮기면서 부지런히 식량을 관리하지요.

오색딱따구리

오색딱따구리 부부는 해마다 새로운 나무에 구멍을 내어 둥지를 만들어요. 매우 크고 오래되었으나 아직 살아 있는 나무를 고르는데, 조금 손상을 입은 나무를 가장 좋아해요. 구멍은 지상에서 1~20m 정도 높이에 뚫어요. 구멍 뚫기는 3주 정도 걸리지요.

둥지 단면

붉은벼슬딱따구리

붉은벼슬딱따구리는 독특한 방식으로 자신의 보금자리를 지켜요. 살아 있는 침엽수에 구멍을 내서 그 주변에 나무의 송진이 흘러내리도록 하는 거예요. 이 송진은 뱀 같은 포식자들이 새의 보금자리에 접근하지 못하게 막아 주는 역할을 해요.

새들의 마을

바야베짜기새

둥지를 만드는 과정

둥지 단면

바야베짜기새는 공동생활을 하는 새에요. 바야베짜기새가 모여 사는 곳에는 20~30개의 개별 둥지가 있고, 둥지는 주로 가시가 많은 아카시아나 야자수 위에 위치해요. 이 새는 건조한 지역에 살고, 주로 바짝 마른 풀로 둥지를 만드는데, 건축 기술이 뛰어나 특이한 형태의 둥지를 만들 수 있어요. 둥지를 만들 때는 먼저 수컷이 길고 단단한 부리로 마른 풀과 야자수의 식물 섬유를 떼어 내요. 그다음 바구니를 엮듯 위에서부터 둥지를 엮기 시작하지요. 마지막으로는 무려 50cm나 되는 통로를 만들어 집 짓기를 마무리해요. 이 통로 덕분에 다른 동물에게서 새끼를 보호할 수 있답니다.

집단베짜기새

공동 둥지의 단면

침실

육아실

다양한 형태의 집단베짜기새 둥지

집단베짜기새 둥지는 새 500마리가 함께 살 수 있을 정도로 거대한 구조물이에요. 높이는 1m, 길이는 7m 이상이고, 무게는 1t이 넘기도 하지요. 이 새는 낮에는 매우 덥고 밤에는 아주 추운 사막 지역에 살기 때문에 안전한 공동 둥지에서 생활해요. 공동 구역인 지붕은 풀과 막대기로, 개별 둥지는 긴 풀잎으로 만들어요. 각각의 둥지에는 부모 새와 도우미 새(보통 부부의 새끼를 돌봐 주는 역할)로 이루어진 가족이 살아요. 가족 구성원은 각자 방을 가지고 있는데, 방은 서로 연결되지 않기 때문에 사생활을 유지할 수 있어요. 집단베짜기새는 이웃과 가까이 살면서 안정감을 느끼고, 새끼 육아에 도움도 받는 새예요. 한편, 집단베짜기새의 둥지에 다른 종의 동물이 함께 살기도 하는데, 이들은 위험한 동물로부터 집단베짜기새를 보호해 줌으로써 은혜에 보답한답니다.

침으로 만든 둥지

글로시바다제비

제비 집 수프

글로시바다제비는 거대한 무리를 이루어 사는 새예요. 가끔은 무리에 속한 새가 수백 마리에 이르기도 하지요. 둥지를 지을 장소로는 어둡고 큰 동굴을 고르고 자신의 침을 이용하여 둥지를 지어요. 둥지를 지을 때는 먼저 벽면에 첫 번째 층이 되는 기초를 만들어 윤곽을 잡고 그다음에 계속 층을 추가해 붙여요. 붙인 층이 다 굳어질 때쯤, 동굴 벽은 배 모양의 반투명 둥지로 뒤덮이지요. 한편, 중국 같은 일부 지역에서는 '침으로 만든 둥지'로 잘 알려진 글로시바다제비의 둥지로 '연와탕'이라는 제비 집 수프를 만들어 먹기도 해요. 이 때문에 보금자리를 잃는 새들이 많아요. 특별한 음식에 대한 인간의 욕심이 새들에게 엄청난 피해를 주는 거예요.

흰턱제비

흰턱제비는 창가의 모서리에 둥지를 트는 것을 가장 좋아해요. 발코니 밑이나 건축물의 돌림띠 아래도 좋아하고요. 중요한 건 둥지의 윗부분이 가려지는 거예요. 적합한 장소를 찾고 나면, 흰턱제비는 진흙 덩이를 침과 섞어 벽의 우둘투둘한 표면에 차곡차곡 붙여요. 첫 번째 층을 완성한 후에는 마를 때까지 기다렸다가 열심히 진흙 덩이를 덧붙여 가면서 작업을 이어가지요. 완성된 둥지는 윗부분에 작은 구멍이 뚫린 바구니 같은 특이한 모양이에요. 또 흰턱제비들은 집단생활을 하는데, 서로 매우 가까운 곳에 집을 지어요.

유럽칼새

유럽칼새의 둥지는 도시에서 쉽게 볼 수 있어요. 건물의 지붕 아래나 담벼락 틈새 같은 곳에 둥지를 짓기 때문이에요. 이 새는 발이 너무 짧아서, 둥지를 지을 때 필요한 재료를 땅에서 찾기 어려워요. 그래서 날아다니는 동안 공중에서 재료를 구하지요. 대개 작은 풀 조각, 동물의 털, 식물 솜털, 새의 깃털 같은 것들이에요. 둥지는 재료와 침을 섞은 후 대충 포개어 붙여 만들기 때문에 장소에 따라 모양이 달라지지요. 이 새는 집단으로 모여 사는데, 매해 같은 장소에 새 둥지를 지어요.

화려하게 장식한 둥지

파란색을 유독 좋아하는 수컷 새틴바우어새는 암컷을 유혹하기 위해서 특별한 쉼터를 만들어요. 쉼터는 50cm 정도 되는 짧은 나뭇가지 여러 개를 땅에 박아서 만든 나뭇가지 단 두 개가 서로 마주 보는 형태예요. 수컷은 좁은 통로의 양 끝에 작고 아름다운 물건을 모아 놓아요. 산딸기류 열매, 조개껍데기, 깃털은 물론 사람이 버린 병뚜껑이나 플라스틱 조각까지 있지요. 모든 물건이 파란색인 데는 이유가 있어요. 파란색이 푸르게 빛나는 깃털을 가진 수컷의 매력을 극대화하거든요. 그래서 푸른색을 덜 띠는 수컷일수록 파란색 물건을 더 많이 모아 둔답니다.

새틴바우어새

그레이트바우어새

맥그레거바우어새

수컷 그레이트바우어새는 암컷의 관심을 끌기 위해서 두 나뭇가지 단이 서로 마주 보는 형태의 쉼터를 만들어요. 한 단의 길이는 약 1m, 너비는 50cm이지요. 쉼터는 보통 남북 방향으로 놓이고 쉼터 입구는 밝은 색 자갈, 조개껍데기, 주워 온 다른 물건 같은 것을 놓아서 장식해요. 물건은 작을수록 내부와 가까운 곳에, 클수록 먼 곳에 둔답니다.

수컷 맥그레거바우어새는 가느다란 나무 기둥 하나를 수직으로 꽂은 후, 주위를 원형으로 둘러싼 형태의 쉼터를 만들어요. 나무 기둥 주변에 나무 막대기를 쌓아 둥근 받침을 만들고, 제방처럼 생긴 둥근 가장자리를 이끼로 덮는 거예요. 쉼터 중앙에 있는 나무 기둥은 꽃과 열매, 다채로운 곤충 껍질로 장식하고요. 쉼터가 암컷의 관심을 끌면, 수컷은 화려한 머리 깃털을 세우고 춤추면서 암컷을 유혹해요.

보겔콥바우어새

보겔콥바우어새의 쉼터는 사람이 지은 움막집과 비슷한 모양이에요. 수컷은 암컷을 유혹하기 위해서 아주 큰 쉼터를 지어요. 크기가 겨우 21~35cm 정도밖에 되지 않는 작은 새가 높이 1m, 지름 1.5m나 되는 거대한 건물을 짓는 거예요. 쉼터는 한가운데 놓인 나뭇가지나 식물의 줄기대가 건물을 떠받치는 형태예요. 쉼터 짓기가 끝나면 수컷은 가장 중요한 단계인 집 꾸미기를 시작해요. 열매, 꽃, 곤충, 사람이 남기고 간 물건, 심지어 다른 동물의 배설물까지, 수많은 장식품을 끊임없이 수집하고 종류별로 모아서 쌓으며 장식하지요.

솔개

솔개는 짤막하고 뒤틀린 나뭇가지로 둥지를 지어요. 알자리에는 주로 마른 풀과 동물 털을 깔아 두는데, 특이하게 사람이 버린 헝겊, 종이 조각, 플라스틱 조각 같은 쓰레기를 사용하는 것도 좋아해요. 수집한 물건들을 통해 자신의 지위와 신체 능력을 과시한답니다.

노랑배박새

노랑배박새는 누군가 살다 떠난 빈 구멍이나 인공 새집에 둥지를 트는 것을 가장 좋아해요. 둥지는 녹색 이끼와 마른 풀로 만들고, 동물 털과 식물 솜털을 알자리에 깔지요. 거기에 라벤더나 서양톱풀, 박하 같은 향긋한 허브 식물을 더해요. 기생충이나 해로운 박테리아가 생기는 걸 방지할 수 있기 때문이에요.

곤충의 집

호리병벌

암컷 호리병벌은 단단한 벽에 흙을 붙여 집을 만들어요. 자그마한 항아리처럼 생긴 흙집을 완성한 다음에는 그 안에 알 하나를 낳지요. 그리고 자벌레를 잡아서 침을 쏘아 마비시킨 후, 집 안으로 밀어 넣어요. 이 자벌레는 나중에 알에서 태어날 새끼의 먹이가 되지요. 그다음, 흙집 입구 가장자리를 안쪽으로 말면서 원뿔 모양의 뚜껑을 만들어 입구를 닫아 버려요.

서양뒤영벌

어린 서양뒤영벌 여왕벌은 봄이 되면 설치류 동물이 살다 떠난 빈집 같은 곳을 찾아 그곳에 밀랍으로 방을 만들어요. 그리고 꽃가루로 방을 채우고 여러 개의 알을 낳지요. 여왕벌은 혼자서 알을 돌보는데, 방에 꿀을 채울 때 말고는 거의 자리를 뜨지 않아요. 알을 깨고 나온 어린 일벌은 다른 알을 돌보거나 먹이를 나르고, 집을 확장하는 일을 맡게 되어요.

구멍벌

구멍벌은 건조한 모래 바닥 밑에 집을 지어요. 민첩한 다리를 빠르게 움직여서 모래를 파내 긴 통로를 만들지요. 통로 끝에는 작고 동그란 방을 만들어서 알을 한 개 낳고, 조심스럽게 입구를 가려요. 그리고 침을 쏘아 마비시킨 파리 같은 먹이를 자라나는 애벌레에게 가져다줘요.

굴뚝감탕벌

암컷 굴뚝감탕벌은 단단한 점토질로 된 가파른 절벽 경사면에 집을 지어요. 집으로 연결되는 통로를 만들 때 파낸 흙은 잘 빚어서 굴뚝을 만들지요. 굴뚝은 입구 주변에 있고 아래로 휘어진 형태예요. 집에는 방이 여러 개인데, 암컷은 각 방에 한 개의 알만 낳아요. 조건이 적합한 장소가 있다면 여러 마리의 암벌이 같은 곳에 나란히 집을 짓기도 한답니다.

나나니

암컷 나나니는 보통 건물 담벼락에 흙으로 된 벌집을 지어요. 벌집은 여러 개의 둥근 관 모양 방으로 이루어지지요. 암컷 나나니는 각 방에 알을 하나씩 낳고, 태어날 애벌레를 위해 침을 쏘아 마비시킨 거미를 넣어 두어요. 그런 후에 방의 입구를 닫지요. 애벌레는 다음 해 여름에 성충이 되어 구멍을 뚫고 방 밖으로 빠져나와요.

벌집

- 애벌레가 자라는 방
- 단면
- 환기 공간
- 집의 내부
- 입구
- 벌집의 일부분
- 밖에서 보이는 형태

말벌

말벌의 여왕벌은 봄에 잠에서 깬 다음, 집 지을 장소를 물색해요. 굵은 나뭇가지의 밑이나 구멍, 바위 틈새를 가장 좋아하고, 주택의 다락방에 집을 만드는 경우도 가끔 있지요. 건축의 주재료는 아래턱으로 긁어낸 죽은 나무의 부스러기나 식물 섬유를 침과 섞어 만든 펄프예요. 여왕벌이 만드는 첫 번째 벌집은 여러 개의 벌방이 모여 꼭지에 고정된 형태예요. 첫 번째 벌방이 완성된 다음에는 가장자리에 다른 벌방을 붙여 지어 확장 공사를 하고, 아래쪽 중앙에 또 다른 벌집을 떠받치기 위한 꼭지를 만들어요. 이렇게 여러 층으로 이루어진 벌집이 탄생하는 거예요. 벌집은 중간층이 가장 넓고, 위층과 아래층은 그보다 좁아서 둥근 형태이지요. 벌집 층 사이사이에 남겨 둔 여유 공간은 환기 기능을 해요.

검정수염송장벌레

검정수염송장벌레는 새끼들이 태어날 장소에 동물 사체를 두는 것을 좋아하는 곤충이에요. 죽은 동물을 발견하면 그 아래 땅을 파낸 다음 그곳에서 알을 낳지요. 며칠 후 애벌레가 태어나면 부모 송장벌레는 소화액을 적셔서 연해진 동물 사체를 둥근 사체덩이로 만들어요. 애벌레는 사체덩이 속에서 지내며, 분해된 사체에서 나오는 적갈색 체액을 먹고 자란답니다.

금풍뎅이

금풍뎅이는 배설물, 특히 말 배설물 아래에 집 짓는 걸 좋아해요. 집이 완성되면 암컷은 각 방에 알을 하나씩 낳고, 방과 통로를 자신의 배설물로 채워요. 알에서 깬 애벌레는 일 년간 동물의 배설물로 빚은 둥근 경단을 먹으며 자라지요. 배설물은 애벌레가 잘 자랄 수 있도록 적절한 온도를 유지할 수 있게 돕는 역할도 해요.

꿀벌의 집

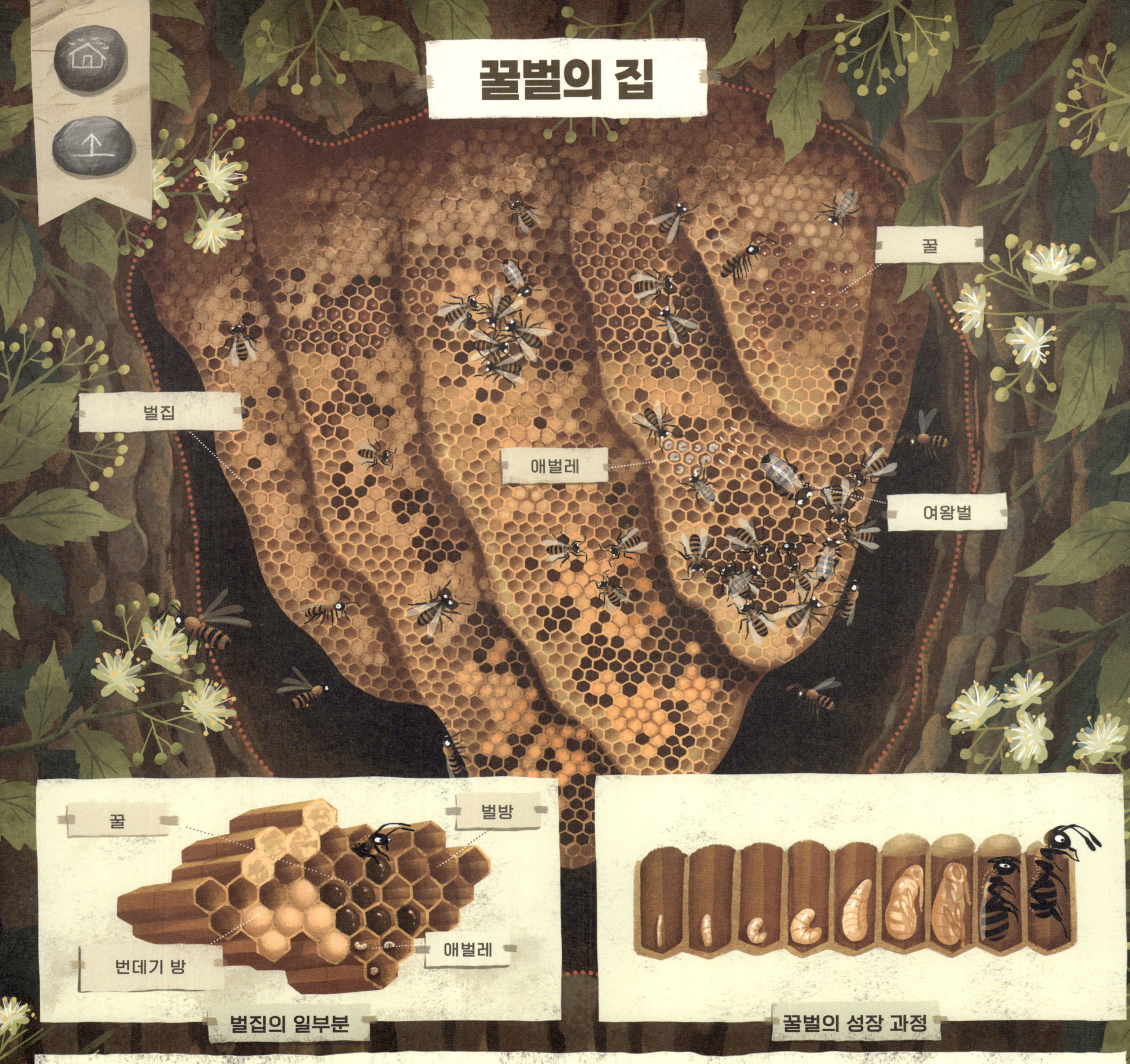

서양종 꿀벌은 사람에게 길들여진 곤충이에요. 보통 사람이 만든 벌통에 살지만, 큰 구멍이나 가려진 곳에서 살기도 해요. 여러 개의 벌방이 모여 하나의 벌집을 이루는데, 각각의 벌집은 서로 촘촘하게 붙어 있는 작은 육각형 모양 벌방 수백 개로 구성되어요. 육각형 모양 벌방은 여러 개의 벌방과 맞붙어 있으며, 입구가 약간 위로 좁혀진 형태라 꿀이 새지 않아요. 벌방은 어린 일벌의 배마디에 있는 납선에서 만들어 내는 분비물인 밀랍으로 만들어요. 벌방 간의 틈새는 프로폴리스로 메꾸고요.

꿀벌 무리에서 가장 중요한 것은 여왕벌이에요. 벌집에 있는 모든 일벌들의 어머니인 여왕벌은 각 벌방 안에 알을 낳아요. 알 낳기는 중앙에 놓인 벌방에서 시작하여, 나선을 그리며 가장자리로 움직이면서 진행되어요. 한편, 가장 어린 일벌들은 부화한 애벌레를 돌보고 나이가 많은 꿀벌은 꽃꿀과 꽃가루를 찾아 날아다녀요. 꽃꿀은 벌집의 가장 위에 있는 벌방에 넣고, 꽃가루는 꽃꿀을 보관한 벌방과 애벌레의 방 사이에 두어 애벌레의 먹이로 사용하지요. 꿀은 꽃꿀을 농축해서 만드는데, 꿀이 완성되면 하얀 밀랍으로 벌방을 닫아 저장해요. 벌들은 이렇게 저장한 꿀 덕분에 무사히 겨울을 날 수 있답니다.

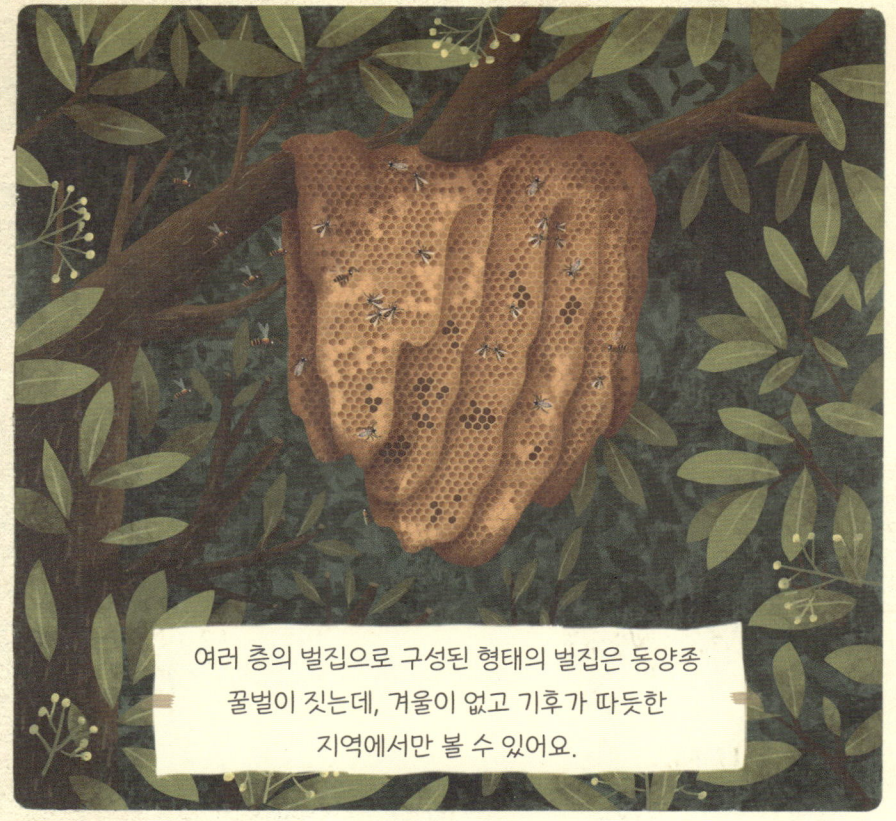

여러 층의 벌집으로 구성된 형태의 벌집은 동양종 꿀벌이 짓는데, 겨울이 없고 기후가 따뜻한 지역에서만 볼 수 있어요.

야생 벌집

벌집

인공 벌통

곤충호텔

전 세계에는 동양종 꿀벌, 서양종 꿀벌 등 9종의 꿀벌이 있어요. 인간과 꿀벌이 만난 역사는 매우 길어요. 무려 기원전 7,000년경부터 시작된 것으로 추측하지요. 사람들은 일찌감치 꿀과 밀랍의 장점을 깨닫고 꿀벌에게서 꿀과 밀랍을 빼앗아 가기 시작했어요. 한편, 꿀벌이 꿀과 밀랍을 주는 역할만 한다고 생각하는 사람이 많지만, 사실 꿀벌의 가장 중요한 임무는 식물의 열매와 종자를 맺게 하는 꽃가루받이예요. 꿀벌이 없다면, 우리에게 필요한 많은 식물들이 사라질 거예요. 그러니까 우리는 꿀벌이 좋은 환경에서 살 수 있도록 신경 써야 해요. 유독성 화학물질이 없는 꽃과 곤충호텔(곤충들이 농약 같은 유해한 물질을 피해 편안하게 서식할 수 있도록 사람이 만든 공간)을 제공해 주는 것도 좋은 방법이에요.

개미집

불개미

밖에서 본 개미집

불개미는 숲에서 흔하게 볼 수 있는 개미예요. 조용하고 볕이 잘 드는 장소에서 침엽수 잎, 나무 막대기, 작은 식물 재료로 만든 거대한 불개미의 집을 쉽게 볼 수 있지요. 개미집 안에서 가장 안전한 곳에는 모든 일개미들의 엄마인 여왕개미의 방이 있어요. 여왕개미가 낳은 알에서 부화한 애벌레는 번데기가 되고, 탈바꿈 후에 어른 개미가 되지요. 젊은 일개미는 애벌레를 돌보고 여왕을 보필해요. 반면, 어른 개미는 밖으로 나가서 먹이와 집을 확장할 때 쓸 재료를 구한답니다.

베짜기개미

베짜기개미의 집은 나무의 높은 곳에 있어요. 집은 여러 개미가 힘을 합쳐서 끌어온 나뭇잎 몇 개를 애벌레가 만든 실로 연결하는 방식으로 지어요. 먼저 어른 개미가 애벌레를 물고 나뭇잎으로 이동해서 나뭇잎에 애벌레가 뽑아낸 실을 붙여요. 그리고 실을 뽑아 내고 있는 애벌레를 잎에서 잎으로 옮기지요. 이렇게 애벌레가 뽑아낸 하얀 실로 나뭇잎을 연결하고 틈을 봉한 다음, 그 속에 실로 짠 복도와 방을 만드는 거예요.

군대개미

작은 일개미
개미집 내부
여왕개미
병정개미
큰 일개미

이동식 개미집

군대개미 일개미들은 발끝에 있는 갈고리 모양 발톱을 걸어 서로의 몸을 붙든 채로 여왕개미와 애벌레를 감싸는 여러 겹의 그물을 만들어서 살아 움직이는 집을 지어요. 이런 행위를 '비부악'이라고 하지요. 개미 군단 전체는 애벌레에게 먹일 먹이 사냥을 하면서 이동하다가 애벌레가 번데기가 되는 시기가 오면, 한 장소에 정착해 2~3주가량 머물러요. 더 이상 애벌레를 위해 먹이 사냥을 하지 않아도 되기 때문이에요. 이 시기에 여왕개미는 알을 낳고, 번데기는 어린 개미로 성장해요. 그 후, 여왕개미가 낳은 알에서 태어난 애벌레들에게 더 많은 먹이가 필요해지면 개미 군단은 다시 움직이기 시작해요.

확대한 모습

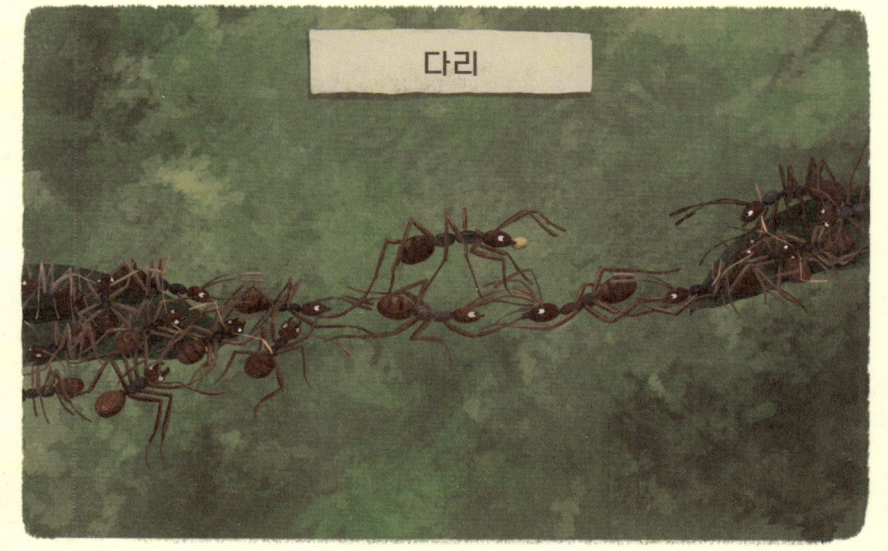

다리

뗏목

군대개미가 장애물을 만날 땐 어떻게 극복할까요? 여러 마리 개미들이 서로 다리와 다리를 맞잡고 자신들의 몸을 긴 다리로 만들어 건너간답니다.

개미 군단은 물도 건널 수 있어요. 서로 단단히 연결된 개미 떼는 뗏목처럼 물 위를 떠다닐 수 있거든요. 그 뗏목에는 여왕개미와 새끼들이 타지요.

잎꾼개미의 집

잎꾼개미는 버섯을 기르는 개미로 유명해요. 버섯을 기르기 위해서는 많은 식물 재료가 필요하기 때문에 개미들은 이리저리 식물을 구하러 다녀야만 하지요. 먼저 수색꾼개미가 적당한 식물을 발견하면 동료들이 그 식물을 찾을 수 있도록 길에 페로몬으로 흔적을 남겨요. 그다음 대형 일개미 부대가 흔적을 따라가서 찾은 식물의 잎을 작은 조각으로 잘라 개미집으로 날라요. 짐꾼개미보다 덩치가 더 큰 병정개미는 잎을 바르고 안전하게 운반할 수 있도록 길을 감시하는 역할을 하지요. 보수꾼개미는 자그마한 장애물까지 깨끗하게 제거하고요. 가끔 짐꾼개미들이 옮기는 잎 위에 작은 보초병개미가 앉아 있기도 하는데, 이 개미는 짐꾼개미의 몸에 알을 낳으려고 하는 기생충을 쫓아내는 역할을 한답니다.

잎꾼개미 굴의 내부

- 청소부개미
- 미세절단개미
- 균사체
- 여왕개미
- 정원사개미

짐꾼개미는 날라 온 잎을 굴의 입구에 둔 다음, 잎을 더 가지러 돌아가요. 그러면 몸집이 작은 절단개미가 굴의 내부에서 잎을 더 작게 조각내지요. 그다음, 절단개미보다 더 작은 일개미가 잎을 씹어서 부드럽게 만든 후 둥글게 빚어서 조심스럽게 방 안으로 넣어요. 그러면 더 작은 일개미가 둥글게 빚은 잎 덩어리에 버섯 균사를 심어요. 균사는 빠르게 자라서, 땅이 금세 곰팡이가 핀 것처럼 회색 솜털로 뒤덮여요. 아주 작은 정원사개미의 역할은 버섯 농장을 보살피는 거예요. 정원사개미는 농장을 지나다니면서 해로운 곰팡이균을 제거하며 버섯을 길러요. 마침내 버섯 균사체 끝에 열매같이 동그란 대주머니가 생기면, 정원사개미는 그것을 채집해 다른 개미들과 애벌레, 그리고 여왕개미의 먹이로 전달한답니다.

흰개미의 집

- 흰개미 둔덕
- 단단한 외벽층
- 환기구
- 흰개미집 내부
- 여왕 흰개미
- 왕 흰개미
- 균사체

흰개미는 아주 작은 몸으로 거대한 흰개미 둔덕을 만들어요. 여왕과 왕이 알을 낳은 후에 새끼를 돌보면 어린 흰개미들은 더 어린 동생들을 돌보고, 새로운 통로와 방을 만들고, 나무, 나뭇잎, 풀과 같은 먹이를 나르는 등 열심히 맡은 일을 해요. 어린 흰개미들은 씹은 나무에 배설물을 섞어서 여왕개미의 방 주변에 버섯 정원을 짓고 이 재료에 흙을 섞어서 흰개미 둔덕의 벽도 만들어요. 벽은 햇빛에 마르면 마치 바위처럼 단단해지지요. 한편, 여왕 흰개미의 복부는 알을 낳을수록 크게 부풀어 올라요.

흰개미 둔덕의 입주민
- 날개가 달린 젊은 여왕 또는 왕
- 병정
- 일꾼
- 작은 일꾼
- 왕
- 알을 낳아서 복부가 부풀어 오른 여왕

다양한 모양의 흰개미 둔덕

나란히 선 흰개미 둔덕

흰개미들은 위로 조금씩 쌓아 올리며 둔덕을 확장해요. 둔덕 안에는 빈 공간을 만들거나 환기구를 설치해서 이산화탄소가 너무 많이 생기는 것을 막고, 상쾌한 공기를 공급할 수 있도록 해요. 이러한 설비 덕분에 둔덕 내부는 온도 차가 크지 않고, 보통 30도 정도로 유지되어요. 흰개미 둔덕은 모양도 매우 다양하고, 종에 따라 특징도 다른데, 그 수가 무려 1,000종이 넘을 정도로 많아요. 어떤 종은 남북 방향으로 길게 생긴 둔덕을 만들어요. 이런 둔덕은 온도를 일정하게 유지하는 데 유리해요. 동쪽으로 놓인 넓은 벽 덕분에 추운 밤이 지난 후 아침에 떠오르는 해로 빠르게 둔덕 안을 데울 수 있어요. 또 정오에는 햇빛이 좁은 벽을 따라 들어오기 때문에 둔덕의 온도가 지나치게 높아지지 않지요. 저녁에는 서쪽 벽 덕분에 밤까지 따뜻함을 유지할 수 있고요.

거미집

유럽정원거미

유럽정원거미는 사람 머리카락보다 몇 배나 가는 거미줄로 엄격하게 정해진 형태의 거미집을 만들어요. 우선 바람결을 따라 줄 하나를 던져요. 이것이 적당한 장소에 착 달라붙으면 골조를 만들기 시작하지요. 마지막 단계에는 끈적한 줄을 나선형으로 추가해요. 그리고 작업이 끝나면 거미집 중앙이나 아래쪽에 잠복한 채로 참을성 있게 먹이를 기다린답니다.

확대한 거미

둥근 그물을 치는 과정

다윈나무껍질거미

크기가 작은 다윈나무껍질거미(암컷은 약 2cm, 수컷은 약 6mm)는 원형 구조의 거미집을 만들어요. 이 거미집은 거미집 중 가장 큰 것으로 알려져 있어요. 거미집을 만들 때는 먼저 매우 강하고 기다란 줄을 수면 위로 길게 뻗고 그 밑으로 대형 거미줄 그물을 추가해요. 그러면 수면 위에서 떼 지어 돌아다니는 벌레들이 거미집 안으로 떨어지요. 한편, 다윈나무껍질거미의 거미줄은 다른 거미의 거미줄에 비해 두 배 정도 강한데, 세계에서 가장 내구성이 강한 재료 중 하나로도 손꼽힌답니다.

확대한 거미

잎무늬꼬마거미

잎무늬꼬마거미는 사회생활을 하는 거미예요. 거미집은 덤불이나 쓰러진 나무 위로 나지막하게 펼쳐져 있는데, 커다란 천처럼 보이기도 해요. 이는 수천 마리에 이르는 거미 집단이 함께 작업한 결과물이에요. 이 작은 거미는 다른 거미들과 함께 그물을 만들고, 사냥을 하며, 새끼를 길러요. 효율적인 협동 작업 덕분에 혼자일 때보다 훨씬 큰 먹잇감을 잡을 수도 있지요.

확대한 거미

투망거미

글래디에이터거미라고도 불리는 이 거미는 특별한 방식으로 사냥을 해요. 거미줄을 한 장소에 고정하지 않고, 탄성이 뛰어난 그물을 짜서 가지고 다니지요. 사냥할 때는 머리를 아래로 향한 채 거미줄에 대롱대롱 매달려 있어요. 매달린 장소 밑에는 하얀색 배설물을 한 방울 떨어뜨려서 사냥감이 다가오도록 유인하지요. 그리고 희생양이 가까이 오면, 네 다리를 날렵하게 뻗으며 그물을 펼쳐서 먹이를 에워싸 버린답니다.

물거미

물거미는 거의 평생을 물속에서 살아요. 호흡할 때는 수생 식물에 붙은 수중 공기 주머니에 모인 공기를 이용하지요. 공기 주머니 속에 공기를 보충하기 위해서는 먼저, 배와 뒷다리를 물 밖으로 빼내고 그 사이로 거미줄을 엮어요. 그리고 복부의 잔털 사이에 공기 방울이 맺히면 거미줄을 물 아래로 당긴 다음, 다리로 배에 붙은 공기 방울을 밀어내서 수중 공기 주머니 속으로 넣는 거예요. 물거미는 이 타원형 수중 공기 주머니에서 쉬고, 물에 사는 무척추동물을 사냥하기도 해요. 암컷은 이곳에서 알도 낳지요.

땅거미

땅거미는 고치실로 완전히 뒤덮인 깊은 굴속에 살아요. 지상에 드러난 고치실 통로는 튜브처럼 생겼고, 사냥터 역할을 하는데, 보통 식물 사이에 숨겨져 있고 가끔은 흙이나 뿌리에 덮여 있기도 해요. 사냥할 때는 고치실 통로 속에 숨어 있다가 독이 있는 독니로 사냥감을 붙잡아요. 그 후, 고치실 통로를 찢고 나가서 붙잡은 사냥감을 굴속에 넣지요. 그리고 식사를 마친 다음에 찢어진 통로를 다시 말끔하게 수리한답니다.

거미줄의 종류

왕거미과나 갈거미과 거미류가 만든
둥근 거미줄

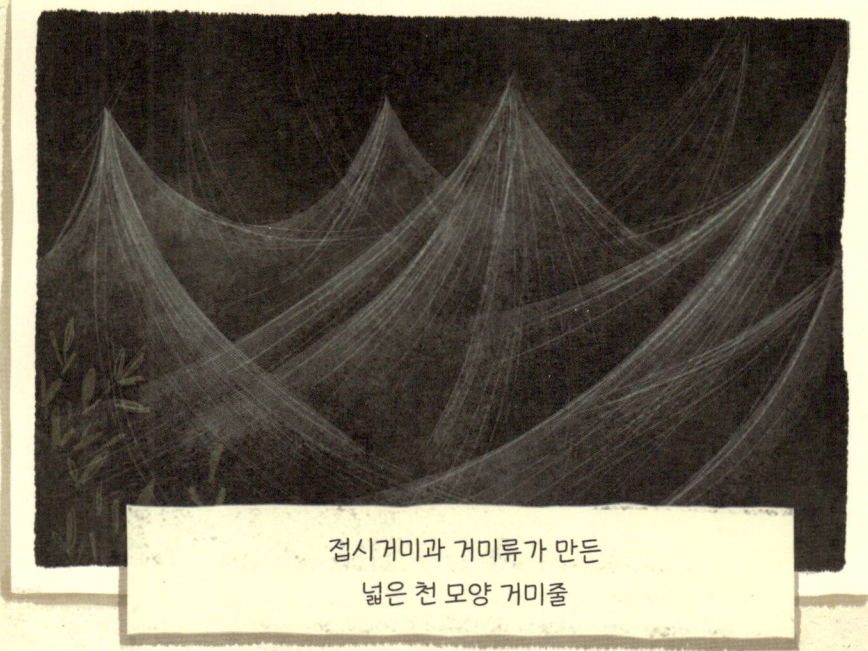

접시거미과 거미류가 만든
넓은 천 모양 거미줄

유령거미과나 꼬마거미과 거미류가 만든
불규칙한 무늬의 거미줄

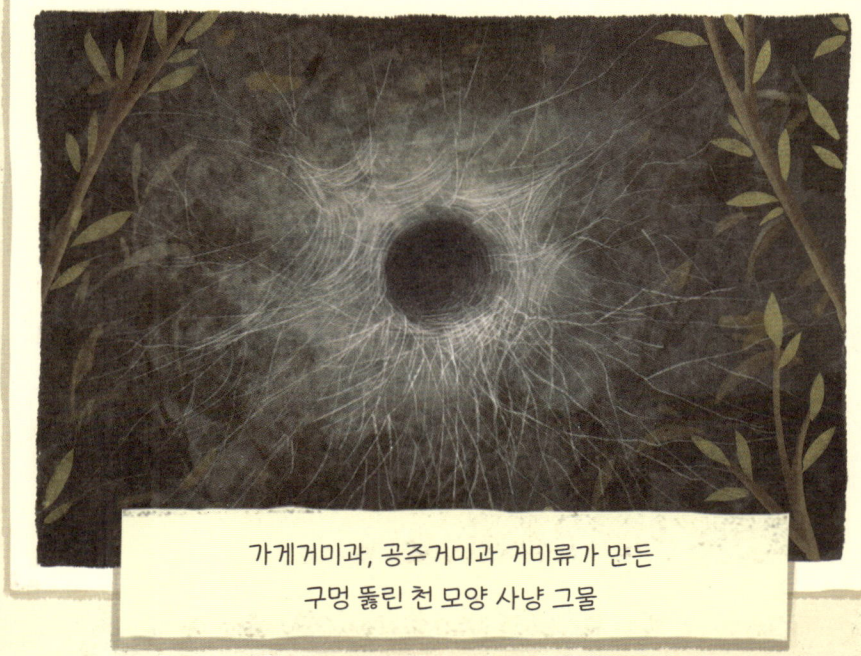

가게거미과, 공주거미과 거미류가 만든
구멍 뚫린 천 모양 사냥 그물

땅거미과 거미류가 만든 대롱 모양 거미집

투망거미과 거미류의 이동식 그물

 # 껍데기는 집일까?

식용달팽이

대고둥아재비

여왕수정고둥

쨈물우렁이

거미고둥

아프리카육상달팽이

육상 달팽이나 해양 달팽이는 우리가 흔히 집이라고 부르는 껍데기를 가지고 있어요. 껍데기는 단단해서 연체동물의 몸이 손상되거나 마르지 않도록 보호해 주지만 집은 아니에요. 우리의 뼈나 피부와 유사한 기능을 하는 신체의 일부지요. 튼튼한 외피인 껍데기는 달팽이가 살아가는 내내 만들어져요. 특별한 분비물이 껍데기의 가장자리에 칼슘을 축적하는데, 동물이 성장하는 만큼 그 부위가 넓어지고 두꺼워져요. 그리고 달팽이의 껍데기는 가벼운 상처 정도는 스스로 치유할 수 있는 능력도 있어요. 우리의 상처가 저절로 아무는 것처럼 말이에요. 모양은 멋지게 돌돌 말려 있는 경우가 많고 크기는 매우 다양해요.

큰가리비와 대왕조개는 껍데기를 살짝 벌려서 입수관과 출수관을 꺼낸 다음, 작은 입자를 걸러내어 먹이를 얻어요. 큰가리비는 위험한 순간이 닥치면 껍데기를 빠르게 여닫으며 추진력을 받아 빠르게 도망갈 수 있지요. 뿔조개는 바다의 바닥에 파묻혀 사는데, 숨을 쉬기 위해 모래 틈으로 껍데기의 가느다란 끝부분만 살짝 내밀어요. 앵무조개는 껍데기 속에 있는 물의 양과 밀도를 조절하여, 바닥으로 가라앉거나 위로 떠오를 수 있어요. 또 군부는 8개의 판이 포개진 형태여서 몸을 위아래로 구부리거나 공처럼 둥글게 말 수 있어요. 한편, 집게에게는 껍데기가 진짜 집이에요. 연약한 몸을 보호하기 위하여 속이 비어 있는 다른 동물의 껍데기를 골라 그 속에 몸을 숨기지요. 몸집이 커지면 껍데기도 더 큰 것으로 바꾼답니다.

눈속임 집

날도래류

물속에 사는 작은 날도래류 애벌레는 이동식 집을 매우 잘 만들어요. 이 아름다운 집 덕분에 게나 물고기로부터 자신을 보호할 수 있지요. 집을 지을 때 애벌레는 우선 특수한 실을 몸에서 만들어 내요. 그리고 아래턱을 이용하여 섬세한 고치를 짜는데, 이 고치에 작은 돌멩이부터 나뭇잎, 조개껍데기, 나무 막대기까지 주변에 있는 모든 것이 달라붙어요. 애벌레는 몸집이 커지면 집을 조금씩 넓히면서 그곳에서 성충이 될 때까지 살아간답니다.

날도래류 애벌레

주머니나방류

주머니나방류 애벌레

주머니나방류 애벌레는 날도래류 애벌레처럼 스스로 특별한 공간을 만들 줄 알아요. 이 애벌레는 육지에서 살기 때문에 날도래류 애벌레와는 다른 재료를 사용해 집을 지어요. 주로 작은 나뭇가지, 작은 나뭇잎, 막대기, 이끼 같은 것들이지요. 집은 조그맣지만 모양이 다양하고, 애벌레에게 필요한 것이 완벽하게 갖추어져 있어요.

포유동물의 땅굴 집

- 프레리도그
- 보조 출입구
- 주 출입구
- 청취실
- 손님방
- 육아실
- 침실
- 겨울방

프레리도그란 이름으로 알려진 이 동물은 1,000마리까지 함께 살 수 있는 거대한 집단 서식지를 만들고, 가족끼리 무리를 이루어 사는 동물이에요. 각 가족은 수컷 한 마리, 암컷 여러 마리, 한 배에서 나서 성장한 개체로 이루어지는데, 한 가족은 하나의 굴을 여러 세대에 걸쳐 사용해요. 굴에는 보통 입구가 여러 개(최대 6개) 있어요. 어떤 입구는 파낸 흙을 이용해 1m 정도 높이로 쌓은 언덕에 있기도 하지요. 이곳은 주로 감시하는 용도로 쓰여요. 보초병은 위험한 요소를 발견하면 먹이 활동 중인 다른 구성원들에게 시끄러운 소리로 경고해 주지요. 한편, 출입구의 높이를 서로 다르게 하여 환기 시스템을 만든 덕분에 공기가 원활하게 순환할 수 있어요. 굴속에 있는 여러 개의 방은 각기 다른 기능을 수행해요. 새끼를 돌보기 위한 육아실이나 밤에 잠을 자는 침실 등이 있지요. 출입구 근처, 지표면과 가까운 곳에 있는 방은 청취실 기능을 해요. 청취실 덕분에 외부 소리를 듣고 필요한 경우 재빨리 피할 수 있지요.

벌거숭이두더지쥐는 프레리도그처럼 건조한 사막에 살지만, 몸길이는 프레리도그보다 훨씬 짧고(약 10cm), 수명은 굉장히 길어요(최대 30년). 이 두더지쥐는 꿀벌처럼 수십 마리에 이르는 대가족을 꾸려서 살아요. 단 한 마리의 암컷(크기가 다른 두더지쥐보다 조금 더 커요)이 번식 활동을 하는데, 암컷이 번식 활동을 하는 동안 다른 벌거숭이두더지쥐들은 새끼를 보살피고, 굴집의 통로를 관리하고, 먹이를 구하는 일을 해요. 프레리도그와 달리 벌거숭이두더지쥐는 땅속에서 지내며 거의 밖으로 나오지 않아요. 몸에 털이 거의 없고 앞도 거의 보이지 않지만, 후각과 촉각이 매우 뛰어나고 굴을 파는 데 유용한 강력한 앞니도 가지고 있지요. 벌거숭이두더지쥐는 땅속 깊은 곳에 사는 대부분의 동물처럼 적은 양의 산소만으로도 살아갈 수 있어요. 또 굴속에서 능숙하게 앞뒤로 움직일 수도 있지요.

사막여우

사막여우는 사막 지역에 살아요. 낮에는 바깥이 너무 덥기 때문에 모래를 파서 만든 굴에 머물며 휴식을 취하고 밤에 밖으로 나가 먹이를 찾아다니지요. 한편, 사막여우는 이웃 여우들과 가까이 지내는 것을 좋아하는 동물이에요. 그래서 가끔은 자신의 굴에 이웃 굴과 연결되는 통로를 만들기도 한답니다.

중국저빌

중국저빌은 땅속의 집단 서식지에서 살아요. 집은 기다란 통로와 방이 얽힌 구조인데, 입구는 보통 가시가 있는 관목에 가려져 있지요. 이 동물은 씨앗과 과일을 먹으며 사는데, 평소에는 겨울을 대비해 여분의 먹이를 조금씩 모아 두곤 해요.

피그미뒤쥐

피그미뒤쥐는 보통 다른 설치류 동물이 파 둔 굴에서 살아요. 굴은 습한 숲이나 풀밭, 정원 등에서 볼 수 있어요. 이 동물은 먹이를 아주 많이 필요로 하기 때문에 1년 내내 밤낮 가리지 않고 끊임없이 활동하지요.

유럽대륙밭쥐

유럽대륙밭쥐는 얕은 땅속이나 이끼 아래, 또는 키 작은 식물이 빼곡하게 자라는 곳에 그물처럼 여러 개의 출입구와 연결된 집을 지어요. 방은 이끼와 풀을 이용하여 만드는데, 동그란 구 형태이지요. 이 동물은 씨앗, 식물의 녹색 부분, 덩이줄기를 가장 즐겨 먹고, 가끔은 벌레를 먹기도 해요.

두더지 굴

두더지는 혼자 사는 동물이에요. 그래서 짝짓기 시기 외에 다른 두더지가 자신의 구역에 들어오면 모두 쫓아내 버리지요. 주식인 지렁이와 그밖의 무척추동물을 많이 찾을 수 있는 들판, 풀밭, 정원, 활엽수림에 사는 것을 가장 좋아하는데, 마음에 드는 곳을 발견하면 땅을 파고 그 속에 복잡한 망 구조의 땅굴을 만들어요. 바닥에 줄지어 있는 봉긋한 흙더미가 보인다면, 그곳에는 분명 두더지가 살고 있을 거예요. 흙더미는 땅굴 통로를 만들기 위해 땅을 파낸 흔적이지요.

두더지의 특징

털
짧고 보드라워요. 털은 수직으로 자라고 어느 방향으로도 누울 수 있어요. 유연한 털 덕분에 좁은 통로에서 앞뒤로 자유롭게 움직일 수 있어요.

청력
훌륭한 청력을 가지고 있어요. 굴 주변에서 곤충이 움직이는 소리도 잘 들을 수 있지요.

수염
두더지 굴에 일어나는 아주 작은 진동까지도 감지할 수 있어요.

시력
두더지의 감각 중 가장 약한 부분이에요. 작은 눈은 빛과 어둠, 그리고 특정 색채 정도만 구별할 수 있을 뿐이에요.

꼬리
수염처럼 감각을 느끼는 털이 있어서 뒤에서 무슨 일이 일어나는지 알아챌 수 있어요.

앞발
앞발의 발톱은 매우 강하고 뾰족해요. 두더지가 가진 가장 중요한 도구라고 할 수 있지요. 발톱 덕분에 지하의 흙을 파내고 그것을 지표면까지 내던질 수 있어요.

아이머 기관
두더지의 콧구멍 주변에 있는 작은 돌기는 굉장히 민감해서 아주 약한 진동에도 반응해요. 지하에서 곤충을 찾을 때 도움이 돼요.

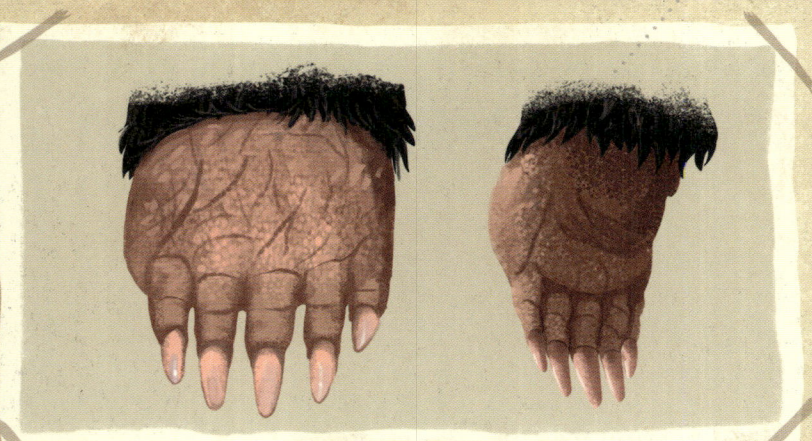

두더지가 통로를 뚫으면서 파낸 흙 때문에 생겨나요. 언덕 내부에는 통풍구도 있어요.

두더지 언덕(흙더미)

두더지의 지하 왕국은 통로와 여러 개의 방이 그물처럼 얽힌 형태예요. 두더지는 그중 한 방에 마른 풀, 이끼, 나뭇잎을 깔고 잠을 자는데, 그 방을 암컷이 새끼를 낳고 기르는 방으로도 사용해요. 이 방과 가까운 곳에 있는 먹이 저장고에는 겨울이나 건기를 대비해 비상식량을 모아 두어요. 식량은 살아 있지만 움직이지 못하게 마취한 지렁이인데, 그 숫자가 자그마치 수백 마리나 되어요. 어떤 통로는 단단하고 미끈한 벽으로 이루어져서 빠르게 이동하거나, 거주 구역 전체를 순찰할 때 이용해요. 반면에 벽면이 연약한 통로도 있는데, 그곳은 사냥 통로예요. 두더지는 이 사냥 통로로 들어오는 지렁이나 무척추동물을 잡아먹지요.
땅 위의 흙더미, 즉 두더지 언덕까지 연결된 수직 통로는 통풍구예요. 두더지는 통풍구를 주기적으로 확인하고, 깨끗하게 청소해요.

물속의 집

활공잎개구리

활공잎개구리는 물가에 있는 나무에 집을 지어요. 암컷은 물이 고인 나뭇잎에 자신이 분비한 액체를 뒷다리로 비벼 거품을 만든 다음, 그 안에 알을 낳지요.

큰가시고기

큰가시고기는 신장에서 분비된 단백질 물질로 이어 붙인 식물 조각으로 고리 모양 집을 만들어요. 수컷은 아름다운 빛깔로 암컷을 유혹해 둥지로 끌어 들인 후, 암컷이 알을 낳으면 알과 어린 새끼를 돌봐요.

아프리카황소개구리

수컷 아프리카황소개구리는 훌륭한 양육자예요. 암컷이 물가에 알을 낳은 후 떠나 버리면 육아를 맡은 수컷은 최선을 다해 알과 올챙이를 보호해요. 연못의 물이 부족할 때는, 물을 대기 위해 뒷다리로 수로를 파기도 하며 최선을 다해 올챙이들이 잘 자랄 수 있는 환경을 만들지요.

베타

베타의 집은 물 위에 떠다니는 집이에요. 수컷은 침으로 감싸서 딱 붙인 공기 방울들로 집을 만든 다음, 암컷이 낳은 알을 조심조심 주둥이로 모아서 집 안에 넣고 정성껏 돌보지요.

석공조개

새끼 석공조개는 부드러운 암석에 달라붙어 구멍을 뚫어요. 그리고 구멍이 자기 키만큼 깊어지면 그 속으로 들어가 수관(조개의 몸에 연결된 긴 관)만 바깥으로 꺼내 먹이를 먹으며 살지요.

대서양말뚝망둥어

대서양말뚝망둥어는 물고기지만, 갯벌 같은 육상에서 많은 시간을 보내는 동물이에요. 강물이 바닷물과 섞이는 곳에 있는 맹그로브 숲에 살면서 썰물 때를 대비해 흙으로 벽을 만들고 굴을 파서 물을 모아 두지요. 굴 입구 주변으로는 원기둥 모양의 제방을 만들기도 해요.

망둥어굴의 단면

비버의 집

비버의 삶은 흐르는 물과 밀접한 관련이 있어요. 비버는 육지와 물을 오가는 반수서 생활에 익숙한데, 덕분에 필요에 따라 환경을 바꿀 수 있는 능력을 가졌지요. 비버가 집 짓기에 주로 사용하는 재료는 쉽게 벨 수 있는 나무예요. 나무를 쉽게 벨 수 있는 건 날카로운 네 개의 앞니 덕분인데, 이 이빨은 평생 자라나요.

비버의 오두막

- 나뭇잎과 잔가지로 만든 내부
- 돌, 토사, 나뭇가지로 지은 토대
- 통풍구
- 나뭇가지로 만든 외부
- 수중 출입구

비버의 오두막은 포식자와 추위, 더위를 피할 수 있는 안전한 은신처예요. 비버는 주로 가파르게 경사진 둑에 굴을 파요. 섬처럼 물로 에워싸인 곳이나, 반도처럼 땅이 물가로 돌출된 곳, 혹은 물가에 있는 지대가 높은 집을 땅에 짓기도 하고요. 집에는 나뭇가지, 갈대, 진흙, 퇴적물 등으로 둥근 돔형 지붕을 만들어요. 방으로 이어지는 통로 입구는 물속에 있고, 그 위로 나뭇가지를 느슨하게 엮어서 만든 통풍구도 있어요. 비버는 집을 계속 정비하기 때문에 한번 만든 집은 몇 세대를 걸쳐 사용할 수 있어요.

나무 아래에 있는 비버의 집

댐

옆에서 본 단면

비버가 새로운 장소에 정착할 때는 강이나 개울에 댐을 만들어요. 먼저 바닥에 여러 개의 말뚝을 수직으로 박은 후, 나뭇가지를 깔고 그 위에 돌을 올려 두지요. 그러면 나뭇가지 사이사이가 진흙과 수생 식물, 퇴적물로 메꾸어져요. 댐의 옆면은 넘치는 물이 빠질 수 있도록 조금 낮게 만들어요. 댐으로 만들어진 물웅덩이는 여러 비버들에게 안식처와 식량 저장고가 되어 주지요. 또 비버가 먹는 수생 식물이나 그밖에 여러 동식물의 터전이 되고, 주변 동물들을 위한 저수지로 기능하기도 해요.

식량 창고

수로

가을이 되면 비버는 겨울용 비상식량을 보관할 수중 창고를 만들어요. 물속 깊은 바닥에 좋아하는 나뭇가지를 꽂고, 사이사이에 뿌리줄기를 채워 두는 거예요.

비버는 물웅덩이 사이에 길을 만들거나 편하게 나무를 나르기 위해 수로를 건설해요. 수로가 있어서 안전하고 쉽게 이동할 수 있어요.

비버가 좋아하는 나무

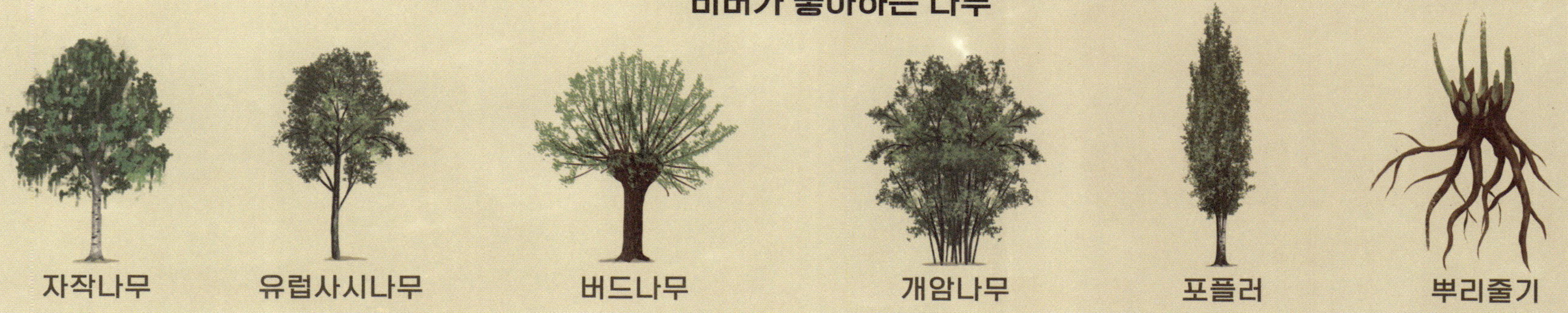

| 자작나무 | 유럽사시나무 | 버드나무 | 개암나무 | 포플러 | 뿌리줄기 |

사람이 만든 동물 집

사람들은 이기적으로 지구의 거대한 영역을 차지했어요. 이 때문에 몇몇 동물은 가축이 되어 사람 가까이서 살기 시작했지요. 가축이 된 동물에게는 사람의 도움이 필요해요. 먹이와 보금자리를 주면서 돌보아야 하지요. 그뿐만 아니라 여우, 고슴도치, 다람쥐, 새, 곤충 같은 야생 동물도 사람의 손길이 필요해요. 겨울에는 먹을 것이 부족하기 때문에 먹이를 챙겨 주어야 해요. 그리고 생태계를 교란시키지 않으면서 주위 풍경과 잘 어울리고, 동물의 습성에도 맞는 안식처도 지어 주는 것이 좋아요. 다음은 사람이 동물에게 지어 줄 수 있는 집의 몇 가지 예시예요.

인공 새집

새 모이통

마구간

닭장

곤충호텔

고슴도치 집

다람쥐 먹이통

벌통

길고양이 집

인공 박쥐 집

임시 거처

알주머니

지렁이 / 긴호랑거미 / 사마귀

많은 무척추동물은 알을 깨고 나오기 전까지 새끼가 안전하게 머물 임시 거처를 마련해 주어요. 알주머니는 바로 그런 임시 거처의 한 종류예요. 알주머니는 가죽같이 딱딱한 층이 여러 겹으로 겹쳐진 형태인데, 알을 주변 환경과 분리하고, 천적으로부터 알을 보호하며, 곰팡이가 생기지 않게 막아 주기도 해요. 애벌레가 태어난 후에는 알주머니가 애벌레의 첫 번째 먹이가 되기도 한답니다.

번데기와 고치

큰표범나비 번데기  / 산호랑나비 번데기  / 큰배추흰나비 번데기 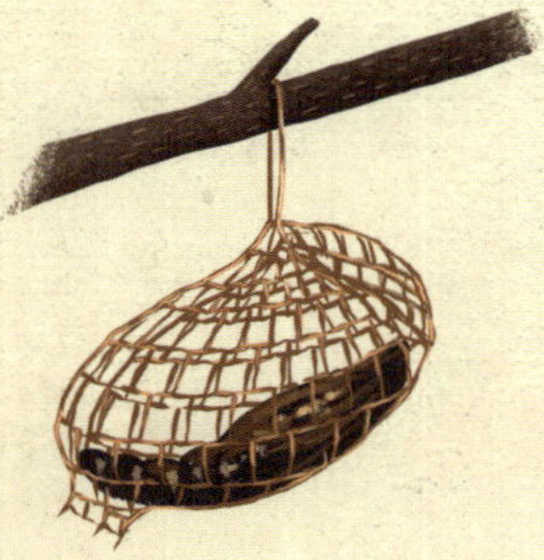 / 밤나무산누에나방 고치  / 누에나방 고치  / 모나크왕나비의 한살이

나비의 한살이는 자연에서 볼 수 있는 가장 극적인 과정 중 하나예요. 나비는 완전 탈바꿈(성장하는 동안 겉껍질을 벗는 탈피 과정에서 몸의 형태가 변하는 현상)을 하는 곤충이지요. 밤나무산누에나방, 누에나방 같은 나방류는 애벌레에서 번데기가 되는 과정에 독특한 임시 거처를 만들어 숨기도 해요. 그리고 고치 속 번데기가 우화해 어른 나방이 되면 임시 거처 밖으로 빠져나와요.

다른 동물

떡갈나무 혹벌과 충영 | 달팽이에 기생하는 류코클로리디움 | 나비 애벌레에 붙어 있는 고치벌 번데기

다른 동물을 이용하여 후손을 번식시키는 곤충을 '기생 곤충'이라고 해요. 예를 들어, 혹벌은 떡갈나무 잎 표면에 혹 모양으로 팽대한 충영(벌레혹)을 만들어 그 속에 알을 낳고 부화한 애벌레를 보호하며 애벌레가 숙주에 기생하게 해요. 또 류코클로리디움은 달팽이를 중간 숙주로 삼아 기생하지요. 한편, 교활한 고치벌은 나비의 애벌레에 알을 낳아요. 고치벌 애벌레는 숙주인 나비 애벌레를 먹으며 성장하다가 애벌레가 번데기로 탈바꿈할 때쯤 밖으로 빠져나와요.

과일

코들링나방 | 유럽양벚과실파리 | 블루베리초파리

과일 농사를 짓는 농부에게는 절망적인 이야기이지만, 과수원은 애벌레들이 살기에 완벽한 장소라고 할 수 있어요. 과일은 부드럽고 달콤할뿐만 아니라 영양가도 높지요. 또 천적을 피하거나, 극심한 날씨 변화에도 안전하게 지낼 수 있도록 돕는 안식처가 되기도 한답니다.

동물 세계를 본떠 만든 건축물

사람들은 항상 자연에 사는 동물들의 신체 구조, 행동, 동물이 만드는 집 같은 것을 주의 깊게 관찰하고 이용해 왔어요. 자연에서 발견한 생명체의 구조와 기능을 모방해 사람들의 삶에 적용하는 학문을 생체공학이라고 하지요. 그럼 동물 덕분에 인간 세상에 어떤 건축물들이 만들어졌는지 알아볼까요?

아프리카 짐바브웨의 수도인 하라레에 있는 이스트게이트 쇼핑센터는 건축가 믹 피어스가 설계했어요. 언뜻 평범해 보이지만, 이 건물은 흰개미 둔덕을 모델로 삼아 자연 환기 시스템을 적용했다는 점에서 특별해요. 흰개미 둔덕처럼 낮에 건물 안에 열기를 저장했다가 밤이 되어 기온이 떨어지면 굴뚝을 통해 따뜻한 공기를 밖으로 내보내는 방식이지요.

베이징 국립 경기장은 스위스 건축가 자크 에르조와 피에르 드 무롱, 그리고 중국 예술가 아이 웨이웨이가 합작해서 만들었어요. 경기장의 모양이 새 둥지를 닮아서 '버드 네스트'라는 별명을 가졌지요.

일본 고속 철도인 신칸센의 기술자들은 물총새의 부리에서 영감을 얻어 소음 문제를 해결했어요. 물총새는 특이한 모양의 부리 덕분에 물속으로 잠수를 할 때 소리가 거의 나지 않아요. 마찬가지로 물총새 부리를 닮은 신칸센도 터널을 매우 조용히 통과한답니다.

점토와 지푸라기로 만든 집은 동물의 집에서 영감을 받은 것이 분명해요. 어떤 동물이냐고요? 진흙과 침, 자잘한 풀잎 줄기로 집을 짓는 제비가 대표적이에요.

육각형 벌집은 최소한의 건축 자재로도 아주 강한 구조물을 얻을 수 있다는 사실을 알려 주었어요. 사람들은 튼튼한 벌집을 만드는 꿀벌의 기술을 참고하여 평판이나 문을 강화하는 기술을 발전시켰지요.

가정에서 만나는 생물들

파리

집게벌레

모기

무당벌레

집먼지진드기

지중해밀가루알락명나방

집가게거미

여러분은 한 지붕 아래에 얼마나 많은 생물이 함께 살고 있는지 생각해 본 적이 있나요? 가구의 틈새나 바닥 구석진 곳 혹은 다락방이나 서랍을 살펴보세요. 말벌, 파리, 이, 집게벌레, 쥐 같은 생물을 보게 될지도 몰라요. 또, 맨눈으로는 볼 수 없는 생물도 있지요. 예를 들어 집먼지진드기는 너무 작아서 현미경으로만 볼 수 있어요.

숲, 동물들의 보금자리

붉은여우의 굴

오소리의 굴

습지에 숨어 있는
유럽유혈목이

불곰의 굴

동물의 집은 특별한 곳에만 있는 게 아니에요. 우리 주변 숲에서도 얼마든지 찾아볼 수 있지요. 숲에는 곰이 겨울잠을 자는 동굴이나 멧돼지의 잠자리, 여우의 굴 같은 것이 있어요. 그러니 숲을 걸을 때는 우리가 숲에 방문한 손님이라는 사실을 기억해야 해요. 큰 소리로 떠들거나 쓰레기를 버리는 등 숲속 친구들의 평화로운 일상을 방해해선 안 되지요. 항상 숲이 여러 동물의 집이라는 사실을 잊지 않고 존중하며, 숲이 본연의 모습을 그대로 유지할 수 있도록 우리 모두 노력해야 해요.

놀라운 동물건축가의 세계

초판 1쇄 인쇄 2021년 10월 5일 | 초판 1쇄 발행 2021년 10월 22일
글·그림 에밀리아 지우바크 | 옮김 김영화 | 감수 조신일
펴낸이 변태식 | 펴낸곳 ㈜라이카미
책임편집 김이슬 | 책임디자인 김미지
총괄 박승열 | 마케팅사업부 김대성 | 경영관리부 강나율
총제작 ㈜지에스테크 | 지류 성진페이퍼

대표전화 02-564-6006 | 팩스 02-564-8626
주소 서울시 강남구 테헤란로77길 11-12 9층 (삼성동, 아라타워)
이메일 editor@laikami.com
신고번호 제2005-000355호 | 신고일자 2005년 12월 8일
ISBN 979-11-90808-42-2 (73490)

The original title: Co budują zwierzęta?
© Copyright for the text and illustrations by Emilia Dziubak, 2020
Scientific consultation: Anna Szczuka
Published by arrangement with Wydawnictwo Nasza Księgarnia Sp. z o.o.

Korean language edition © 2021 by LAIKAMI
Korean translation rights arranged with Nasza Księgarnia Publishing House Ltd.,Warszawa, Poland &
EntersKorea Co., Ltd., Seoul, Korea.

* 이 책의 한국어판 저작권은 ㈜엔터스코리아를 통한 저작권사와의 독점 계약으로 라이카미가 소유합니다.
* 저작권법에 따라 한국 내에서 보호를 받는 저작물이므로 무단전재와 무단복제를 금합니다.
* 파본은 구입하신 서점에서 교환해 드립니다.